мактаб - l'école	2
саёҳат - le voyage	5
нақлиёт - le transport	8
шаҳр - la ville	10
ландшафт - le paysage	14
тарабхона - le restaurant	17
супермаркет - le supermarché	20
нӯшокиҳои - les boissons	22
таъом - les aliments	23
ферма - la ferme	27
хона - la maison	31
мехмонхона - la salle de séjour	33
ошхона - la cuisine	35
ҳамом - la salle de bains	38
ҳуҷраи кӯдакона - la chambre d'enfant	42
либос - les vêtements	44
идора - le bureau	49
иқтисодиёт - l'économie	51
касбҳо - les professions	53
асбобҳо - les outils	56
асбобҳои мусиқӣ - les instruments de musique	57
боғи ҳайвонот - le zoo	59
варзиш - les sports	62
фаъолият - les activités	63
оила - la famille	67
бадан - le corps	68
бемористон - l'hôpital	72
ҳолати фавкулодда - l'urgence	76
замин - la Terre	77
вақт - l'heure	79
ҳафта - la semaine	80
сол - l'année	81
баст - les formes	83
рангҳо - les couleurs	84
мухолифат - les opposés	85
ададҳо - les nombres	88
забонҳо - les langues	90
ки / чиро / тавр - qui / quoi / comment	91
дар кучо - où	92

Impressum
Verlag: BABADADA GmbH, Nedderfeld 112 , 22529 Hamburg
Geschäftsführer / Verlagsleitung: Harald Hof
Druck: Books on Demand GmbH, In de Tarpen 42, 22848 Norderstedt

Imprint
Publisher: BABADADA GmbH, Nedderfeld 112 , 22529 Hamburg, Germany
Managing Director / Publishing direction: Harald Hof
Print: Books on Demand GmbH, In de Tarpen 42, 22848 Norderstedt

мактаб
l'école

тақсим кардан — diviser
тахтаи синф — le tableau
синф — la salle de classe
саҳни мактаб — la cour d'école
муаллим — l'enseignant
коғаз — le papier
навиштан — écrire
ручка — le stylo
мизи хатнависӣ — le bureau de travail
чадвал — la règle
китоб — le livre
талаба — l'écolier

чузвдон
le sac d'écolier

қаламдон
la trousse

қалам
le crayon

қаламтезкунак
le taille-crayon

хаткуркунак
la gomme à effacer

блокноти расмкашӣ
le bloc de papier à dessin

расм
le dessin

мӯқалами рассомӣ
le pinceau

қуттии рангҳо
la boîte de peintures

қайчӣ
les ciseaux

ширеш
la colle

дафтари машқ
le cahier d'exercices

вазифаи хонагӣ
les devoirs

рақам
le chiffre

ҷамъ кардан
additionner

кам кардан
soustraire

зарб задан
multiplier

ҳисоб кардан
calculer

ҳарф
la lettre

алфавит
l'alphabet

калима
le mot

мактаб - l'école

матн
le texte

хондан
lire

бӯр
la craie

дарс
la leçon

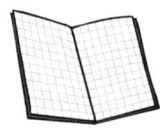
журнали синфӣ
le cahier de notes

имтиҳон
l'examen

шаҳодатнома
le certificat

либоси мактабӣ
l'uniforme scolaire

таҳсил/маориф
l'éducation

энсиклопедия
l'encyclopédie

донишгоҳ
l'université

микроскоп (more frequently used)
le microscope

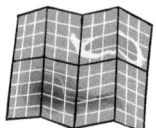
харита
la carte

сабади партофҳои коғазӣ
la corbeille à papier

мактаб - l'école

саёҳат
le voyage

меҳмонхона
l'hôtel

хобгоҳ
l'auberge

нуқтаи мубодилаи асъор
le bureau de change

чамадон
la valise

мошин
la voiture

забон
la langue

ҳа / не
oui / non

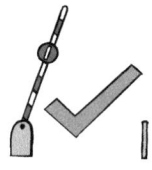

Хуб
Okay

Ассалому алейкум
Allo!

тарҷумон
le traducteur

Раҳмат
Merci

саёҳат - le voyage

чӣ қадар аст ...?
Combien coûte...?

Ман намефаҳмам
Je ne comprends pas

проблема
le problème

шаб ба хайр!
Bonsoir !

субҳ ба хайр
Bonjour !

шаби хуш
Bonne nuit !

хайр
bye bye

равона
la direction

бағоҷ
les bagages

ҷузвдон
le sac

борхалта
le sac à dos

меҳмон
l'invité

хона
la pièce

хобхалта
le sac de couchage

хайма
la tente

саёҳат - le voyage

маълумоти сайёҳӣ

le bureau d'information touristique

соҳил

la plage

корти кредитӣ

la carte de crédit

наҳорӣ

le déjeuner

хӯроки пешин

le dîner

хӯроки шом

le souper

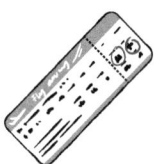

чипта

le billet

лифт

l'ascenseur

марка

le timbre

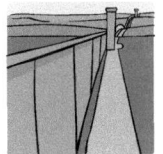

сарҳад

la frontière

Гумрук

la douane

сафорат

l'ambassade

раводид

le visa

шиносномa

le passeport

саёҳат - le voyage

нақлиёт
le transport

тайёра
l'avion

кишти
le navire

мошини сӯхторхомӯшкунӣ
le camion d'incendie

автобус
l'autobus

мошини боркаш
le camion

қаиқи моторӣ
le bateau à moteur

дучарха
le vélo

мошин
la voiture

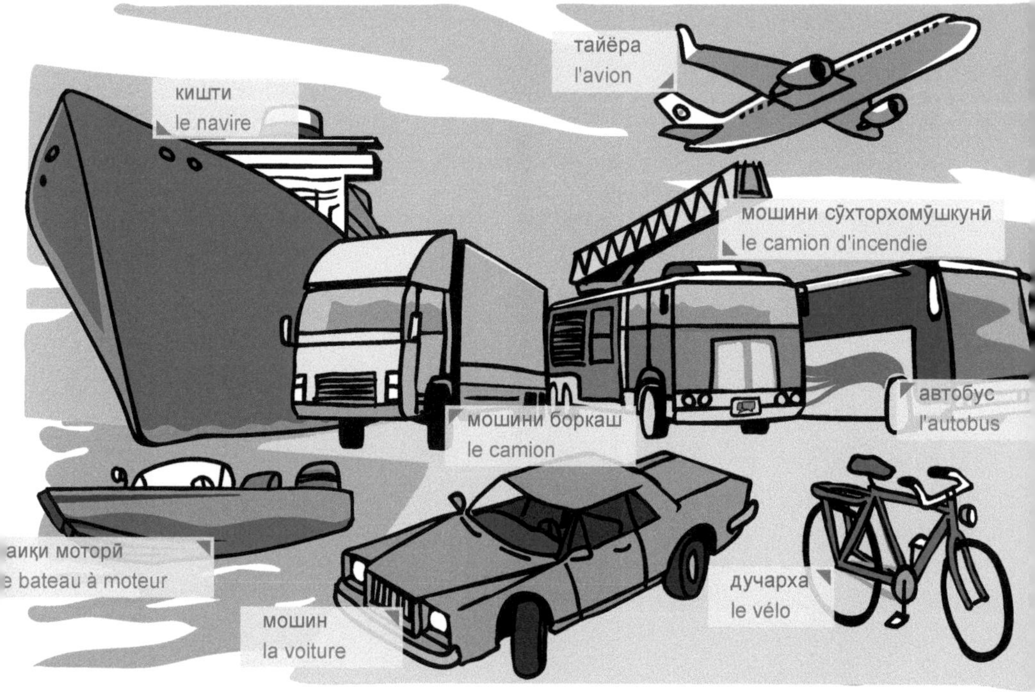

паром
le traversier

қаиқ
le bateau

мотосикл
la motocyclette

мошини полис
la voiture de police

мошини тезрави пойгаи
la voiture de course

кирояи мошинҳо
la voiture de location

8   нақлиёт - le transport

ҳамроҳ истифодабарии
мошин

l'autopartage

эвакуатор

la dépanneuse

павтовҷамъкунӣ

le camion à ordures

муҳаррик

le moteur

сӯзишворӣ

le carburant

нуқтаи фурӯши сӯзишворӣ

la station-service

аломати роҳ

panneau de signalisation

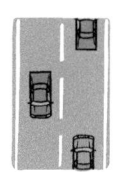

ҳаракат

la circulation

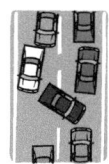

бандшавии ҳаракати роҳ

l'embouteillage

ҷои исти мошинҳо

le parc de stationnement

истгоҳи роҳи оҳан

la gare

роҳи оҳан

les voies ferrées

қатора

le train

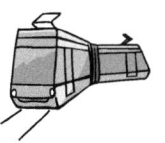

тамвай

le tramway

вагон

le wagon

нақлиёт - le transport

чархбол

l'hélicoptère

фурудгоҳ

l'aéroport

манора

la tour

мусофир

le passager

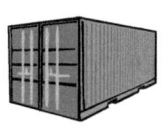

контейнер

le conteneur

щутии картонӣ

la boîte en carton

ароба

le chariot

сабад

le panier

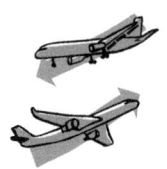

гирифтан / замин

décoller / atterrir

шаҳр
la ville

деҳа

le village

маркази шаҳр

le centre-ville

хона

la maison

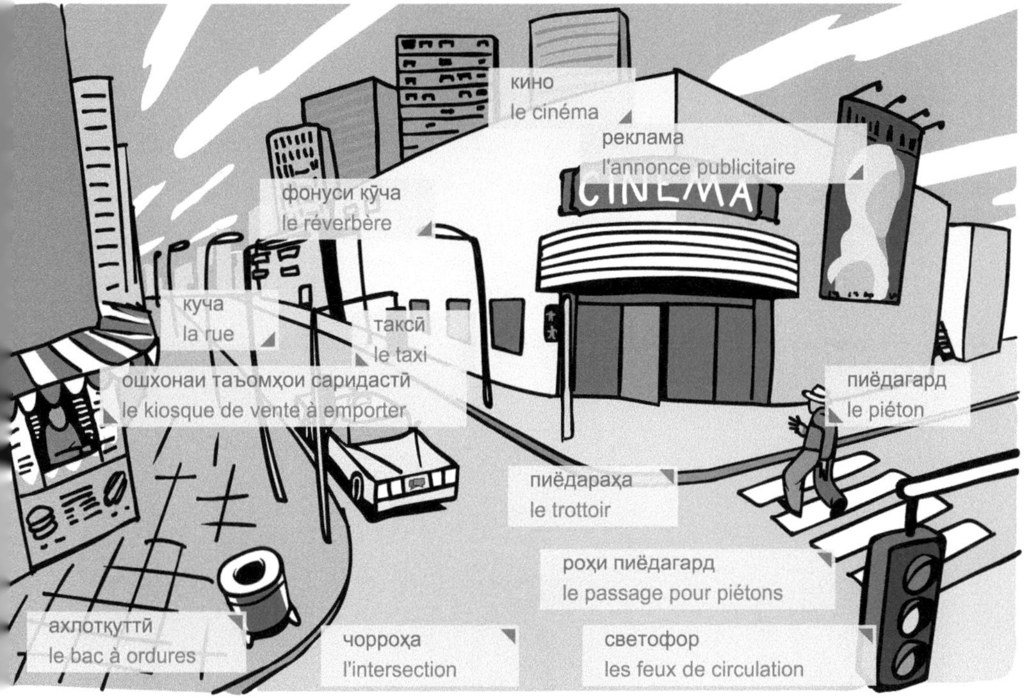

кино / le cinéma

реклама / l'annonce publicitaire

фонуси кӯча / le réverbère

кӯча / la rue

такси / le taxi

ошхонаи таъомҳои саридастӣ / le kiosque de vente à emporter

пиёдагард / le piéton

пиёдараҳа / le trottoir

роҳи пиёдагард / le passage pour piétons

ахлоткуттӣ / le bac à ordures

чорроҳа / l'intersection

светофор / les feux de circulation

кулба
la cabane

ҳамвор
l'appartement

истгоҳи роҳи оҳан
la gare

бинои маъмурияти шаҳр
l'hôtel de ville

осорхона
le musée

мактаб
l'école

шаҳр - la ville

донишгоҳ

l'université

бонк

la banque

бемористон

l'hôpital

меҳмонхона

l'hôtel

доухона

la pharmacie

идора

le bureau

сехи китоб

la librairie

сехи

le magasin

мағозаи гулфурӯшӣ

le fleuriste

супермаркет

le supermarché

бозор

le marché

универмаг

le grand magasin

мағозаи моҳифурӯшӣ

la poissonnerie

маркази савдо

le centre commercial

бандар

le port

шаҳр - la ville

парк
le parc

бонк
le banc

пул
le pont

зинапоя
les escaliers

метро
le métro

нақби
le tunnel

истгоҳи автобус
l'arrêt d'autobus

бар
le bar

тарабхона
le restaurant

қуттии почта
la boîte à lettres

аломати номи кӯчаҳо
la plaque de rue

ҳисобкунаки исти мошинҳо
le parcomètre

боғи ҳайвонот
le zoo

ҳавзи шиноварӣ
les bains publics

масҷид
la mosquée

шаҳр - la ville

ферма
la ferme

ифлоскунӣ
la pollution

қабристон
le cimetière

калисо
l'église

майдончаи бозӣ
l'aire de jeux

маъбад
le temple

ландшафт
le paysage

барг — la feuille

аломати роҳнамо — le panneau indicateur

роҳ — le chemin

алафзор — le pré

санг — la pierre

дарахт — l'arbre

сайёҳ — le randonneur

дарё — la rivière

алаф — l'herbe

гул — la fleur

водӣ
la vallée

кӯҳ
la colline

кул
le lac

беша
la forêt

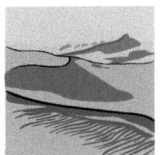
биёбон
le désert

вулкан
le volcan

қалъа
le château

рангинкамон
l'arc-en-ciel

занбӯруғ
le champignon

дарати нахл
le palmier

хомӯшак
le moustique

паридан
la mouche

мурча
la fourmi

занбур
l'abeille

тортанак
l'araignée

ландшафт - le paysage

гамбӯсак
le scarabée

қурбоққа
la grenouille

санҷоб
l'écureuil

хорпушт
le hérisson

харгӯш
le lièvre

бум
la chouette

парранда
l'oiseau

мурғи қу
le cygne

хуки ваҳшӣ
le sanglier

оху
le cerf

гавазн
l'orignal

сарбанд
le barrage

турбина шамол
l'éolienne

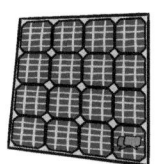

панел офтобӣ
le panneau solaire

иқлим
le climat

16 ландшафт - le paysage

тарабхона
le restaurant

пешхизмат
le serveur

меню
le menu

курсӣ
la chaise

Pizza
la pizza

шӯрбо
la soupe

асбобу анҷоми хӯрокхӯрӣ
la coutellerie

дастархон
la nappe

стартер/корандоз
les hors-d'œuvre

хӯроки асосӣ
le plat principal

десерт
le dessert

нӯшокиҳои
les boissons

таъом
les aliments

шиша
la bouteille

Хӯроки Тез Таёр мешуда

la restauration rapide

хӯроки кӯчагӣ

la cuisine de rue

чойник

la théière

шакардон

le sucrier

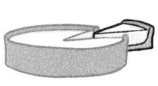

қисм/порча

la part

мошини espresso

la machine à expresso

курсии кӯдакона

la chaise haute d'enfant

ҳисоб

la facture

зарфмонак

le plateau

корд

le couteau

чангол

la fourchette

қошуқ

la cuillère

қошуқча

la cuillère à thé

сачоқи қоғазӣ

la serviette

истакон

le verre

тарабхона - le restaurant

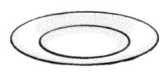
табақча
l'assiette

косача
l'assiette creuse

тақсимча
la soucoupe

соус
la sauce

намакдон
la salière

мурчдон
le moulin à poivre

сирко
le vinaigre

равғани растанӣ
l'huile

приправа
les épices

кетчуп
le ketchup

хардал
la moutarde

майонез
la mayonnaise

тарабхона - le restaurant

супермаркет

le supermarché

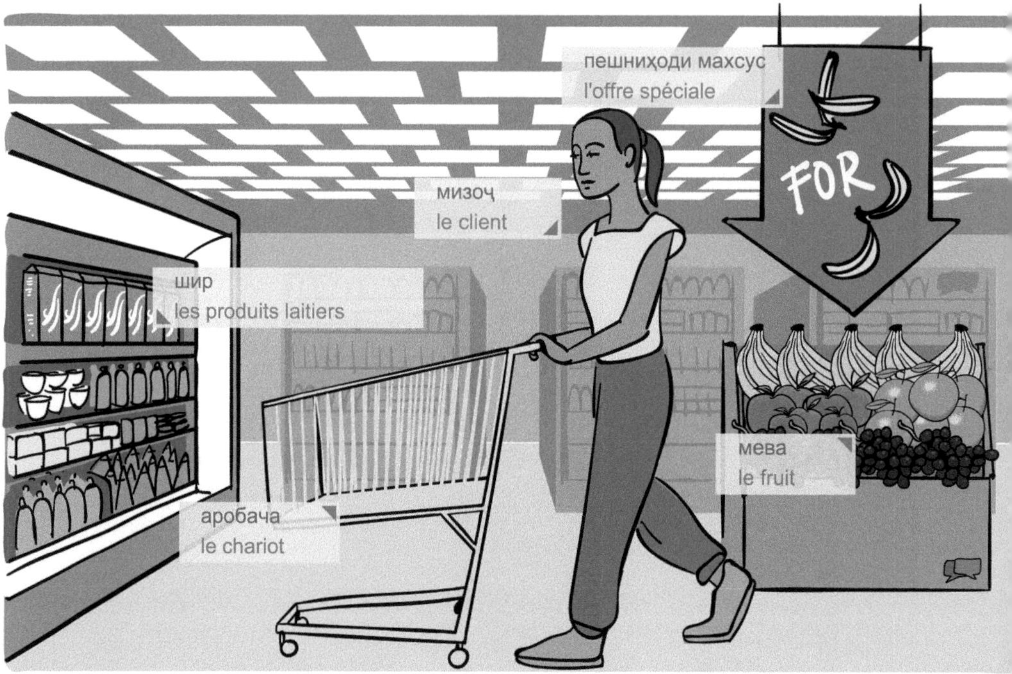

пешниҳоди махсус
l'offre spéciale
FOR
мизоҷ
le client
шир
les produits laitiers
мева
le fruit
аробача
le chariot

BUTCHERS

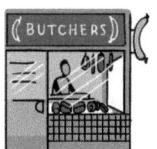

дукони гӯштфурӯшӣ

la boucherie

BAKERY

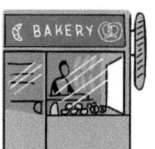

дукони нонфурӯшӣ

la boulangerie

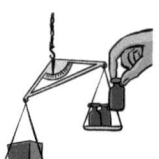

баркашидан

peser

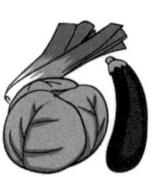

сабзавот

les légumes

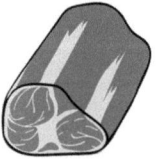

гӯшт

la viande

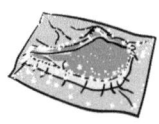

хӯроки яхбаста

les aliments congelés

лимҳои борик буридаи
гушт

les viandes froides

озуқаворӣ
консервонидашуда

les conserves

хокаи либосшӯй

le détergent à lessive en poudre

ширинӣ

les sucreries

асбоби рӯзгор

les produits d'entretien ménager

воситаҳои тозакунанда

les produits d'entretien

фурӯшанда

la vendeuse

касса

la caisse

кассир

le caissier

рӯихати харидкунӣ

la liste de provisions

соат ифтитоҳи

les heures d'ouverture

ҳамён

le portefeuille

корти кредитӣ

la carte de crédit

ҷузбо

le sac

пакет

le sac plastique

супермаркет - le supermarché

нӯшокиҳои
les boissons

об
l'eau

шарбат
le jus

шир
le lait

кола
le cola

шароб
le vin

оби ҷав
la bière

машрубот
l'alcool

какао
le cacao

чой
le thé

қаҳва
le café

эспрессо
l'expresso

каппучино
le cappuccino

таъом
les aliments

банан
la banane

себ
la pomme

норанҷӣ
l'orange

харбуза
le melon d'eau

лимӯ
le citron.

сабзӣ
la carotte

сир
l'ail

бамбук
le bambou

пиёз
l'oignon

занбӯруғ
le champignon

чормағз
les noix

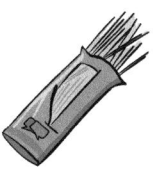
угро
les nouilles

спагеттӣ

les spaghettis

биринҷ

le riz

салат

la salade

картошкаи қоқак

les frites

картошкабирён

les pommes de terre sautées

Pizza

la pizza

гамбургер

le hamburger

бутербурод

le sandwich

шнитсел

l'escalope

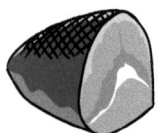

гӯшти намакардаи хук

le jambon

ҳасиби салямӣ

le salami

ҳасиб

la saucisse

мурғ

le poulet

кабоб

le rôti

моҳӣ

le poisson

таъом - les aliments

ярмаи ҷав

le gruau d'avoine

омехтаи ғалладонагӣ

le muesli

ярмаи ҷуворимакка

les flocons de maïs

орд

la farine

кулчақанд

le croissant

кулчақанд

le petit pain

нон

le pain

як порча нони бирён

la rôtie

кулчачаҳои қандин

les biscuits

маска

le beurre

творог

le caillé

пирог

le gâteau

тухм

l'œuf

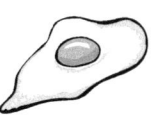

тухм бирён

l'œuf miroir

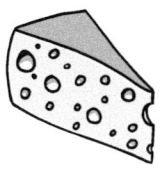

панир

le fromage

таъом - les aliments

яхмос
la crème glacée

шакар
le sucre

асал
le miel

мураббо
la confiture

хамираи ҳалво
la crème de nougat

Curry
le cari

таъом - les aliments

ферма
la ferme

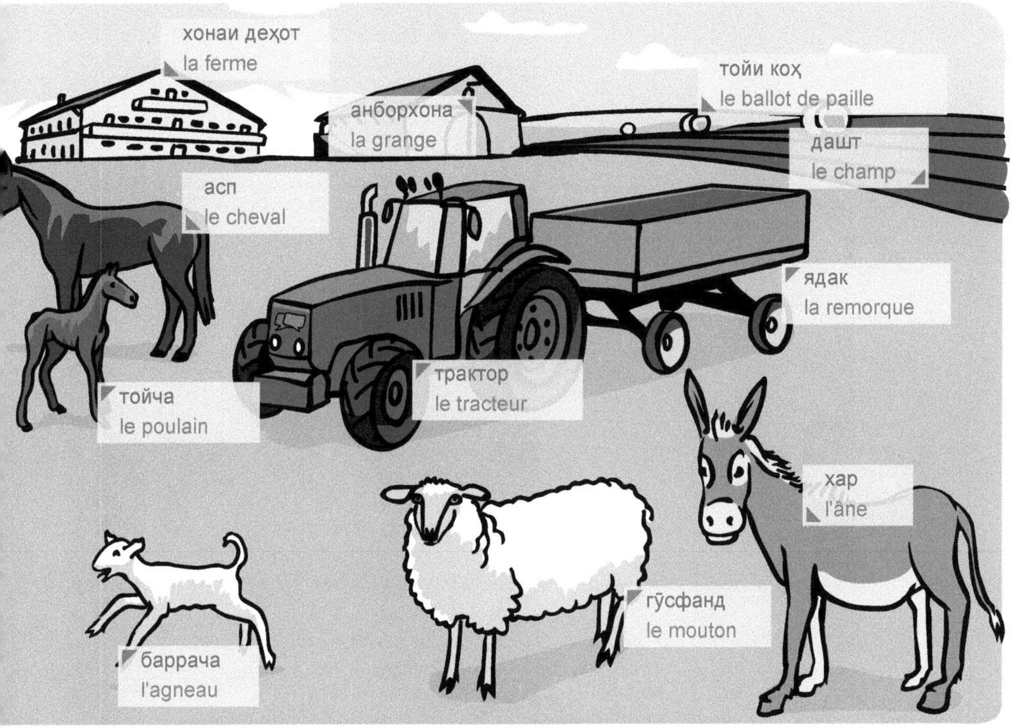

хонаи деҳот — la ferme
тойи коҳ — le ballot de paille
анборхона — la grange
дашт — le champ
асп — le cheval
ядак — la remorque
трактор — le tracteur
тойча — le poulain
хар — l'âne
гӯсфанд — le mouton
баррача — l'agneau

буз

la chèvre

гов

la vache

гӯсола

le veau

хук

le porc

хукча

le porcelet

буққа

le taureau

ғоз
l'oie

мурғобӣ
le canard

чӯҷа
le poussin

мурғ
la poule

хурӯс
le coq

каламуш
le rat

гурба
le chat

муш
la souris

барзагов
le bœuf

саг
le chien

хоначаи саг
la niche

рӯдаи резинӣ
le tuyau d'arrosage

камобӣ метавонад
l'arrosoir

дос
la faux

сипори шудгоркунии замин
la charrue

ферма - la ferme

доси
la faucille

каланд
la binette

панҷшоха
la fourche à foin

табар
la hache

ароба
la brouette

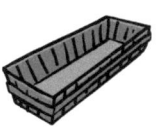
охур
l'auge

зарфи ширгирӣ
le pot à lait

халта
le grand sac

девор
la clôture

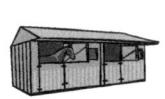
мӯътадил
l'écurie

гармхона
la serre

хок
le sol

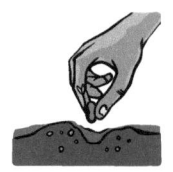
тухмӣ
les graines

нуриҳо
l'engrais

комбайни ғаллағундорӣ
la moissonneuse-batteuse

ферма - la ferme

ҳосил
récolter

ҳосил
la récolte

yams
l'igname

гандум
le blé

лубиж
le soja

картошка
la pomme de terre

чуворӣ
le maïs

донаи маъсар
la graine de colza

дарахти мева
l'arbre fruitier

manioc
le manioc

ғалладона
les grains

ферма - la ferme

хона
la maison

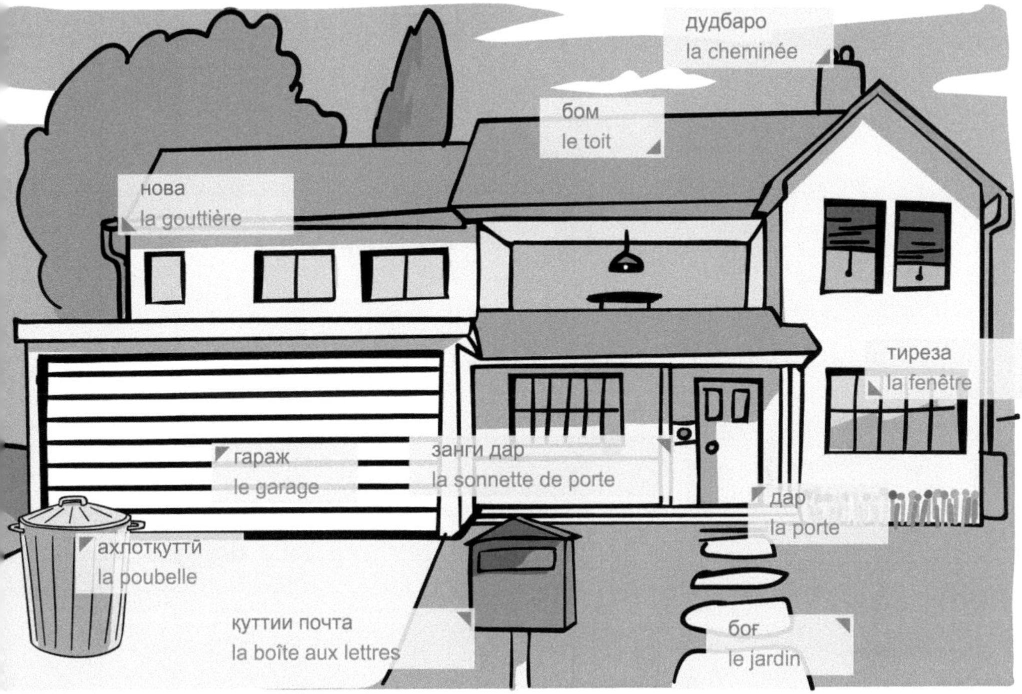

- дудбаро / la cheminée
- бом / le toit
- нова / la gouttière
- тиреза / la fenêtre
- гараж / le garage
- занги дар / la sonnette de porte
- дар / la porte
- ахлотқуттӣ / la poubelle
- қуттии почта / la boîte aux lettres
- боғ / le jardin

меҳмонхона

la salle de séjour

ҳамом

la salle de bains

ошхона

la cuisine

хонаи хоб

la chambre à coucher

ҳуҷраи кӯдакона

la chambre d'enfant

ошхона

la salle à manger

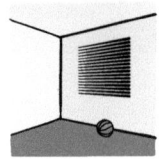

ошёна
le plancher

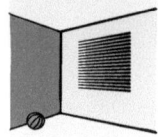

девор
le mur

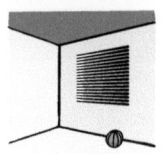

шифт
le plafond

тагзаминӣ
le cellier

сауна
le sauna

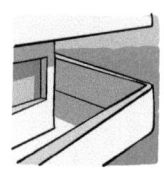

балкон
le balcon

суфача
la terrasse

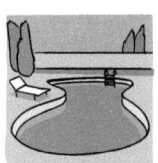

ҳавз
la piscine

мошини алафдарав
la tondeuse à gazon

варақ
le drap

кампал
le jeté de lit

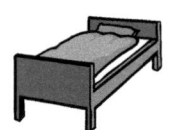

кат
le lit

чорӯб
le balai

сатил
le seau

калид
l'interrupteur

хона - la maison

мехмонхона
la salle de séjour

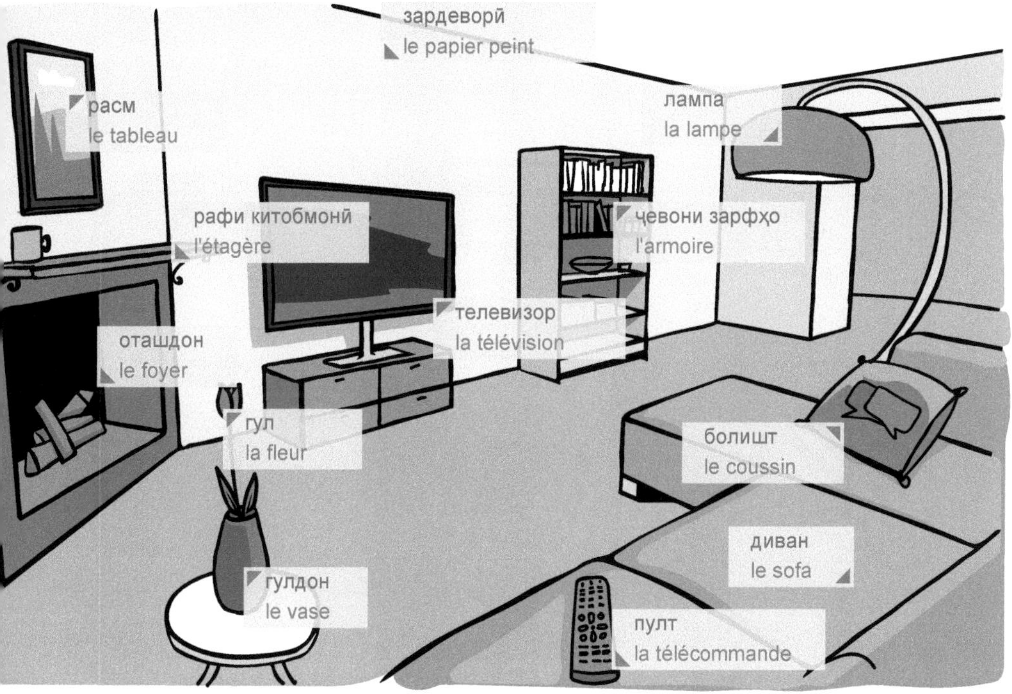

- зардеворӣ — le papier peint
- расм — le tableau
- лампа — la lampe
- рафи китобмонӣ — l'étagère
- чевони зарфҳо — l'armoire
- оташдон — le foyer
- телевизор — la télévision
- гул — la fleur
- болишт — le coussin
- гулдон — le vase
- диван — le sofa
- пулт — la télécommande

қолин

le tapis

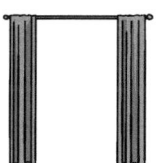

парда

le rideau

мизи

la table

курсӣ

la chaise

rocking кафедраи

la berceuse

курсӣ

le fauteuil

китоб
le livre

курпа
la couverte

ороиш
la décoration

ҳезум
le bois de chauffage

филм
le film

дастгоҳи hi-fi
la chaîne hi-fi

калид
la clé

рӯзнома
le journal

расм
la peinture

эълон
l'affiche

радио
la radio

китобчаи қайдҳо
le bloc-notes

чангкашак
l'aspirateur

кактус
le cactus

шам
la chandelle

меҳмонхона - la salle de séjour

ошхона
la cuisine

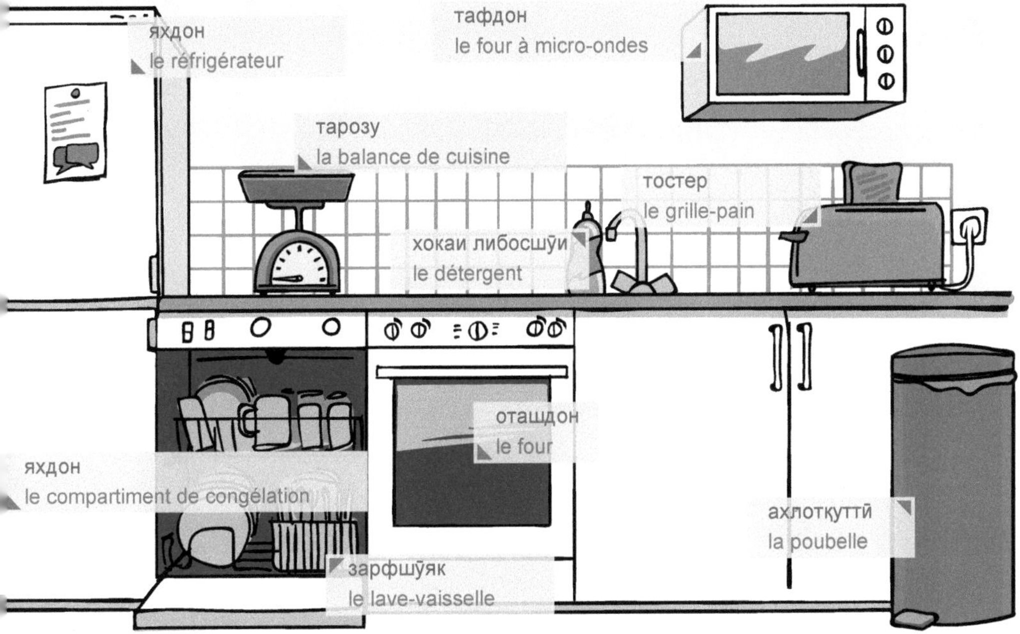

яхдон
le réfrigérateur

тафдон
le four à micro-ondes

тарозу
la balance de cuisine

хокаи либосшӯи
le détergent

тостер
le grille-pain

яхдон
le compartiment de congélation

оташдон
le four

ахлоткуттӣ
la poubelle

зарфшӯяк
le lave-vaisselle

плита

la cuisinière

тубак

la marmite

дег

la cocotte en fonte

дег / кадӣ

le wok/kadai

тоба

la poêle

чойник

la bouilloire

steamer

le cuiseur à vapeur

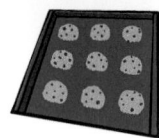

лист

la plaque à patisserie

зарф

la vaisselle

кружка

la grande tasse

коса

le bol

чубаки хурокхӯрӣ

les baguettes

кафлези

la louche

кафлези ҳамвор

la spatule

whisk

le fouet

strainer

la passoire

элак

le tamis

турбтарошак

la râpe

миномет

le mortier

Кабоб Кардан

le barbecue

оташ кушод

le foyer

ошхона - la cuisine

тахтаи резакунӣ

la planche à découper

чӯба

le rouleau à pâtisserie

пӯккашак

le tire-bouchon

банка

la boîte à conserves

консервокушояк

l'ouvre-boîte

дастак

la mitaine de four

дастшӯяк

l'évier

чӯтка

la brosse

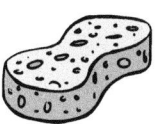

исфанҷ

l'éponge

блендер

le mélangeur

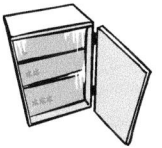

сармодон

le congélateur

шишача

le biberon

чумак

le robinet

ошхона - la cuisine

ҳамом
la salle de bains

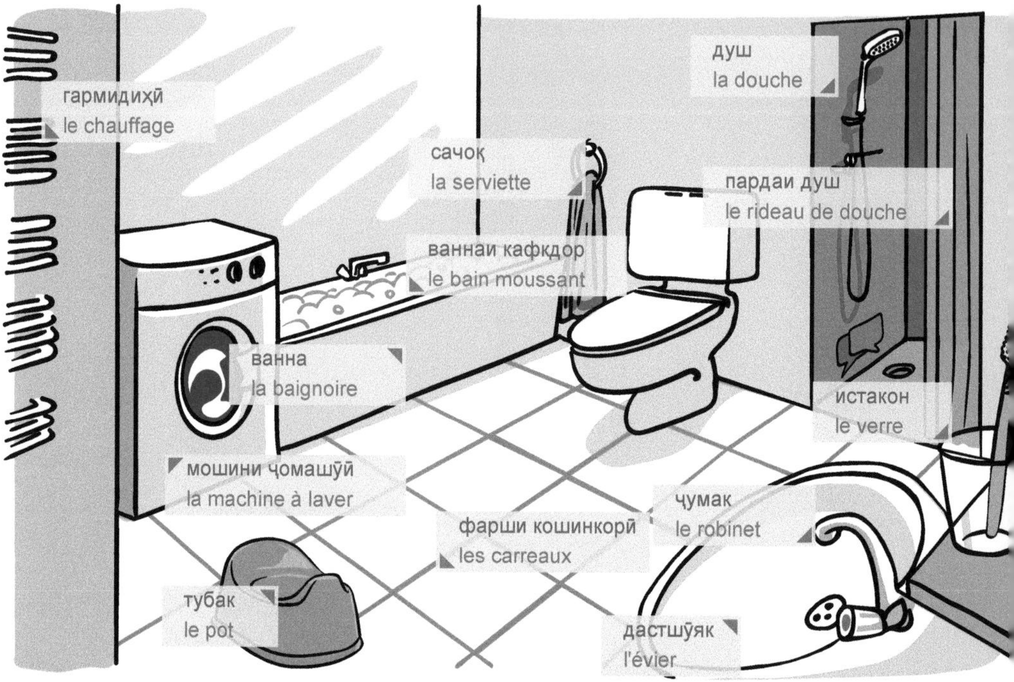

гармидиҳӣ — le chauffage

душ — la douche

сачоқ — la serviette

пардаи душ — le rideau de douche

ваннаи кафкдор — le bain moussant

ванна — la baignoire

истакон — le verre

мошини ҷомашӯӣ — la machine à laver

чумак — le robinet

фарши кошинкорӣ — les carreaux

тубак — le pot

дастшӯяк — l'évier

ҳоҷатхона

la toilette

нишастгоҳи халоҷои рӯйфаршӣ

la toilette turque

биде

le bidet

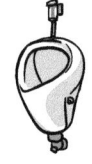

ҳоҷатхонаи мардона

l'urinoir

коғази ташноб

le papier hygiénique

чӯткаи ҳоҷатхона

la brosse à toilette

дандоншӯяк
la brosse à dents

хамираи дандоншӯи
le dentifrice

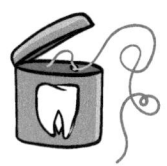
риштаи дандонтозакунӣ
la soie dentaire

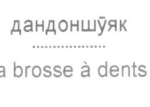
шӯстан
laver

души дастӣ
la douchette

обшӯй
la douche vaginale

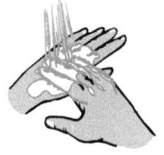
ҳавза
la cuvette

шона кардани мӯй
la brosse pour le dos

собун
le savon

гел барои душ
le gel douche

шампун
le shampooing

бумазӣ
la débarbouillette

заҳкаш
le drain

крем
la crème

дезодорант
le déodorant

ҳамом - la salle de bains

оина

le miroir

оинаи дастӣ

le miroir à main

риштарошаки барқи

le rasoir

кафк барои риштарошӣ

la mousse à raser

оби мушкини баъди риштарошӣ

l'après-rasage

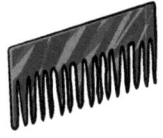

шона

le peigne

чӯтка

la brosse

мӯйхушкунак

le sèche-cheveux

лак барои мӯй

la laque

косметика

le maquillage

лабсурхкунак

le rouge à lèvres

лок барои нохун

le vernis à ongles

пахта

l'ouate

қайчии нохунгирӣ

les ciseaux à ongles

атриёт

le parfum

ҳамом - la salle de bains

ҷузвдони косметикӣ

la trousse de toilette

қазои ҳоҷат

le tabouret

тарозу

le pèse-personne

хилъат

le peignoir

дастпӯшак резина

les gants de caoutchouc

тампон

le tampon

дастмоли санитарӣ

les serviettes hygiéniques

био-ҳоҷатхона

la toilette chimique

ҳамом - la salle de bains

ҳуҷраи кӯдакона
la chambre d'enfant

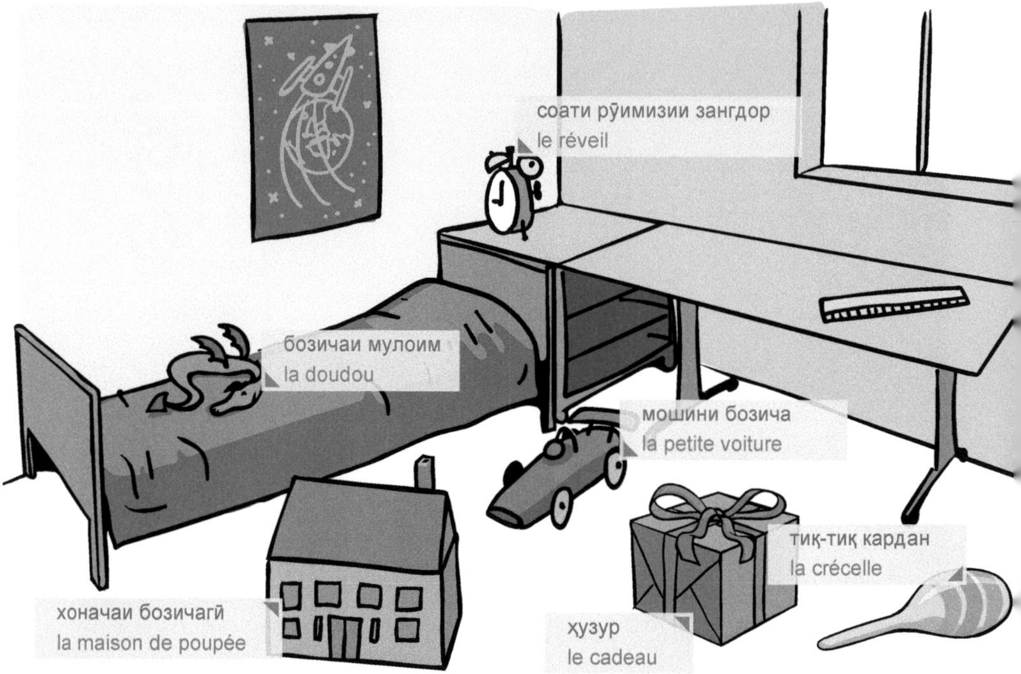

соати рӯимизии зангдор
le réveil
бозичаи мулоим
la doudou
мошини бозича
la petite voiture
тиқ-тиқ кардан
la crécelle
хоначаи бозичагӣ
la maison de poupée
ҳузур
le cadeau

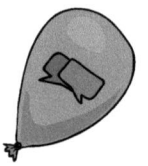

пуфак

le ballon

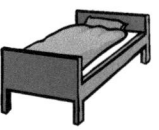

кат

le lit

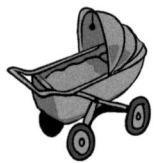

аробочаи кудакона

le landau

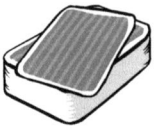

маҷмӯи кортҳо

le jeu de cartes

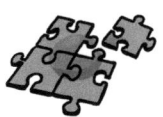

бозии муамоёбӣ

le casse-tête

SUPER
MEGA

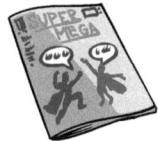

комикс

la bande dessinée

хиштҳои лего
les blocs LEGO

мағозаи бозичафурӯхтан
le jeu de briques

рақам амал
la figurine articulée

либоси ғаваккашӣ
la dormeuse

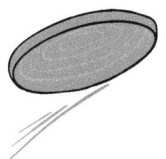
фрисби
le disque volant

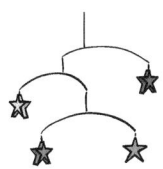
мобилӣ
le mobile

лавҳачаи бозӣ
le jeu de société

кубик
le dé

маҷмӯи модели қатора
l'ensemble de modèles de train

пистонак
le mannequin

ҳизб
la fête

китоби расм
le livre d'images

тӯб
la balle

лӯхтак
la poupée

бози кардан
jouer

ҳуҷраи кӯдакона - la chambre d'enfant

қуттии рег
le bac à sable

арғунчак
la balançoire

бозича
les jouets

консоли бозиҳои видеоӣ
la console de jeu vidéo

велосипеди сечарха
le tricycle

хирсаки бахмалии патдор
l'ours en peluche

чевон
la garde-robe

либос
les vêtements

ҷуроб
les chaussettes

ҷуроби соқбаланд
les bas

колготки
le collant

44 либос - les vêtements

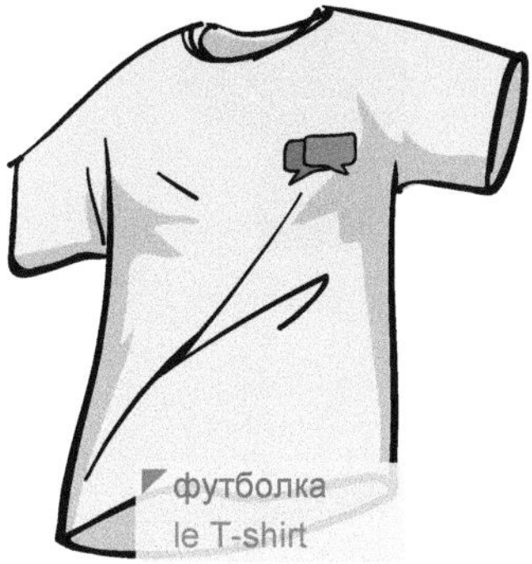

гарданпеч
l'écharpe

тасма
la ceinture

чатр
le parapluie

футболка
le T-shirt

пойафзол
les bottes

шиппак
les pantoufles

кроссовки
les chaussures de sport

босоножкӣ
les sandales

пойафзол
les souliers

музаи резинӣ
les bottes de caoutchouc

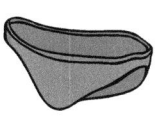

турсӣ
les sous-vêtements

синабанд
le soutien-gorge

майка
le gilet

либос - les vêtements

бадан

le body

шим

le pantalon

чинс

le jean

юбка

la jupe

куртаи нимтаи занона

le chemisier

курта

la chemise

свитер

le chandail

свитер

le chandail à capuche

пичак

le blazer

нимтана

la veste

палто

le manteau

плаш

le manteau de pluie

костюм

le complet

куртаи занона

la robe

либос тӯйи

la robe de mariée

либос - les vêtements

костюм
le tailleur

куртаи хоб
la chemise de nuit

пижама
le pyjama

Сари
le sari

рӯймол
le foulard

салла
le turban

ниқобу
la burqa

кафтан
le cafetan

абая
l'abaya

либоси обозӣ
le maillot de bain

эзорчаи шиноварии мардона
le maillot short

шорти
la culotte courte

либоси варзишӣ
le survêtement

пешбанд
le tablier

дастпӯшак
les mitaines

либос - les vêtements

тугма

le bouton

айнак

les lunettes

дастпона

le bracelet

гарданбанд

le collier

ангуштарин

la bague

гӯшвора

la boucle d'oreille

кулоҳ

la tuque

либосовезак

le cintre

кулоҳ

le chapeau

галстук

la cravate

занҷирак

la fermeture à glissière

тоскулоҳ

le casque

шимбардор

les bretelles

либоси мактабӣ

l'uniforme scolaire

либоси

l'uniforme

либос - les vêtements

пешгир
le bavoir

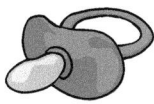
пистонак
le mannequin

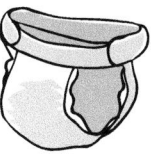
подгузник
la couche

идора
le bureau

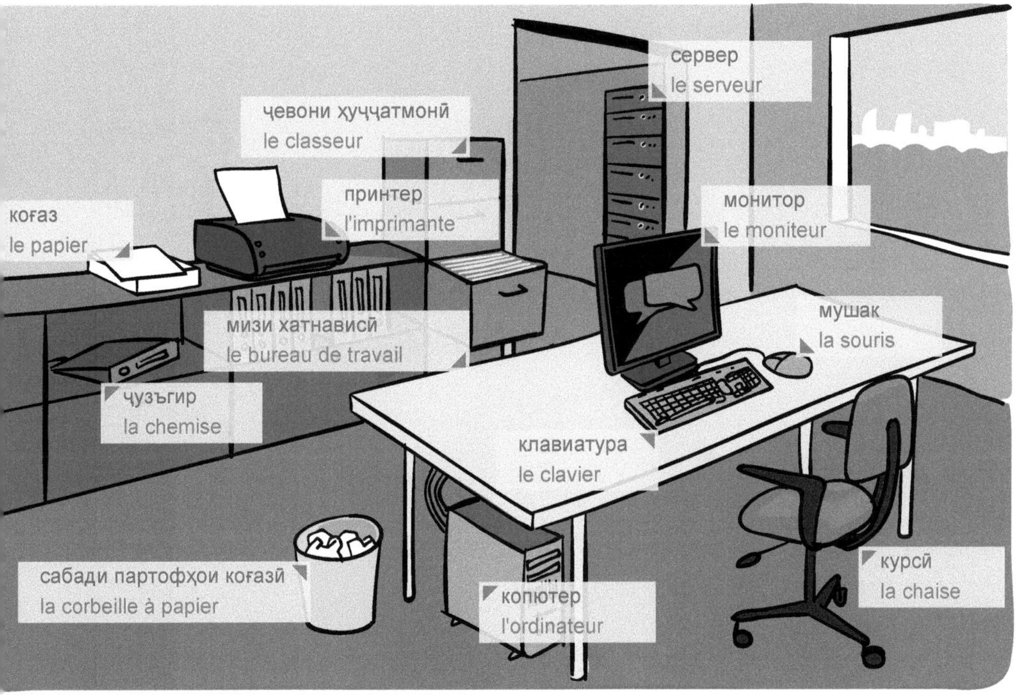

- чевони ҳуччатмонӣ — le classeur
- принтер — l'imprimante
- сервер — le serveur
- монитор — le moniteur
- қоғаз — le papier
- мизи хатнависӣ — le bureau de travail
- мушак — la souris
- ҷузъгир — la chemise
- клавиатура — le clavier
- сабади партофҳои қоғазӣ — la corbeille à papier
- копютер — l'ordinateur
- курсӣ — la chaise

кружкаи қаҳванӯшӣ
la grande tasse à café

калкулятор
la calculatrice

интернет
l'Internet

ноутбук
l'ordinateur portable

мактуб
la lettre

хабар
le message

телефони мобилӣ
le téléphone cellulaire

шабака
le réseau

нусхабардор
le photocopieur

нармафзор
le logiciel

телефон
le téléphone

розетка
la prise de courant

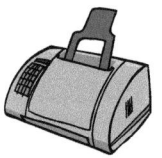
факс
le télécopieur

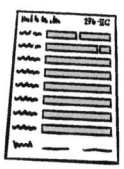
шакл
le formulaire

ҳуҷҷат
le document

идора - le bureau

иқтисодиёт
l'économie

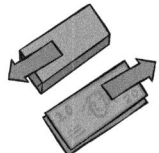
харидан
acheter

пардохт
payer

савдо
commercer

пул
l'argent

доллар
le dollar

евро
l'euro

йен
le yen

рубл
le rouble

франки швейцариягӣ
le franc suisse

юан
le renminbi yuan

рупӣ
la roupie

нуқтаи нақд
le distributeur de billets

нуқтаи мубодилаи асъор

le bureau de change

тилло

l'or

нуқра

l'argent

равғани растанӣ

le pétrole

энерги

l'énergie

нарх

le prix

шартнома

le contrat

андоз

la taxe

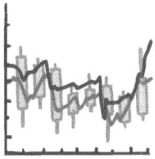

саҳмия

les actions

кор

travailler

хизматчӣ

l'employé

соҳибкор

l'employeur

завод

l'usine

сехи

le magasin

иқтисодиёт - l'économie

касбҳо
les professions

корманди полис
l'agent de police

сӯхторхомӯшкун
le pompier

ошпаз
le cuisinier

духтур
le docteur

халабон
le pilote

боғбон
le jardinier

чӯбтарош
le charpentier

дӯзанда
le couturier

судя
le juge

кимиёшинос
le pharmacien

актёр
l'acteur

ронандаи автобус
le chauffeur d'autobus

таксист
le chauffeur de taxi

моҳигир
le pêcheur

фаррошзан
la femme de ménage

устои бомпӯш
le couvreur

пешхизмат
le serveur

шикорчӣ
le chasseur

расом
le peintre

нонвой
le boulanger

барқ
l'électricien

сохтмончӣ
le constructeur de bâtiments

инженер
l'ingénieur

қассоб
le boucher

устои шабакаи об
le plombier

хаткашон
le facteur

касбҳо - les professions

сарбоз
le soldat

меъмор
l'architecte

кассир
le caissier

гулфурӯш
le fleuriste

сартарош
le coiffeur

кондуктор
le chef de train

механик
le mécanicien

капатан
le capitaine

духтури дандон
le dentiste

олим
le scientifique

хохом
le rabbin

имом
l'imam

шайх
le moine

саркоҳин
l'ecclésiastique

касбҳо - les professions

асбобҳо
les outils

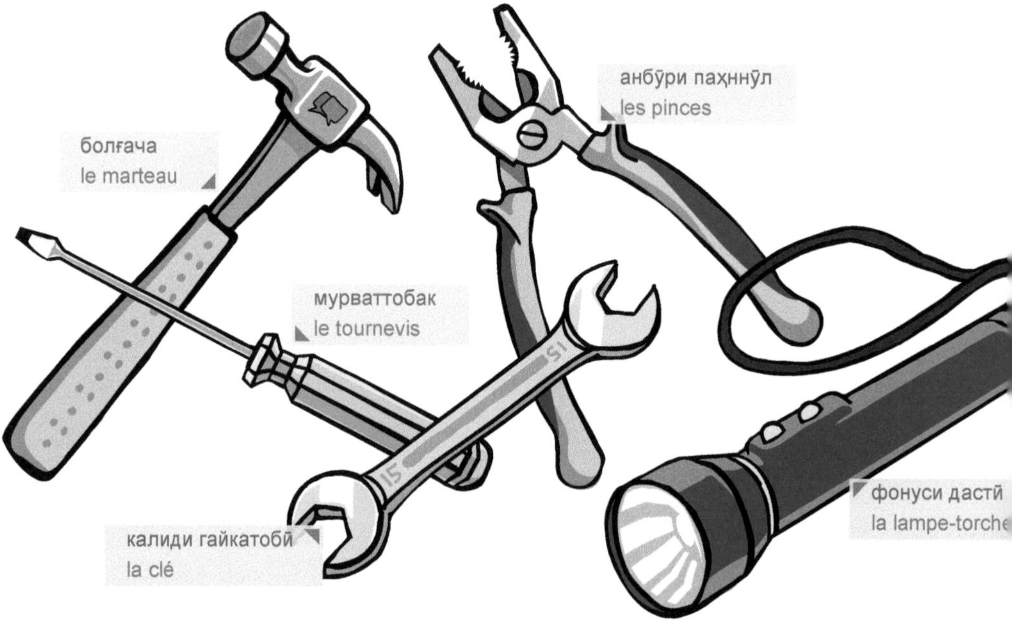

болғача
le marteau

анбӯри паҳннӯл
les pinces

мурваттобак
le tournevis

калиди гайкатобӣ
la clé

фонуси дастӣ
la lampe-torche

экскаватор

l'excavatrice

қутии асбобҳо

la boîte à outils

зинапоя

l'échelle

арра

la scie

мехҳо

les clous

пармаи электрикӣ

la perceuse

таъмир
réparer

бел
la pelle

Сабил монад!
Tabarnouche !

белчаи хокрӯбагирӣ
la pelle à poussière

сатили ранг
le pot de peinture

мехи печдор
les vis

асбобҳои мусиқӣ
les instruments de musique

динамик
le haut-parleur

асбоби нақоразанӣ
la batterie

гитара
la guitare

контрабас
la contrebasse

карнай
la trompette

асбобҳои мусиқӣ - les instruments de musique

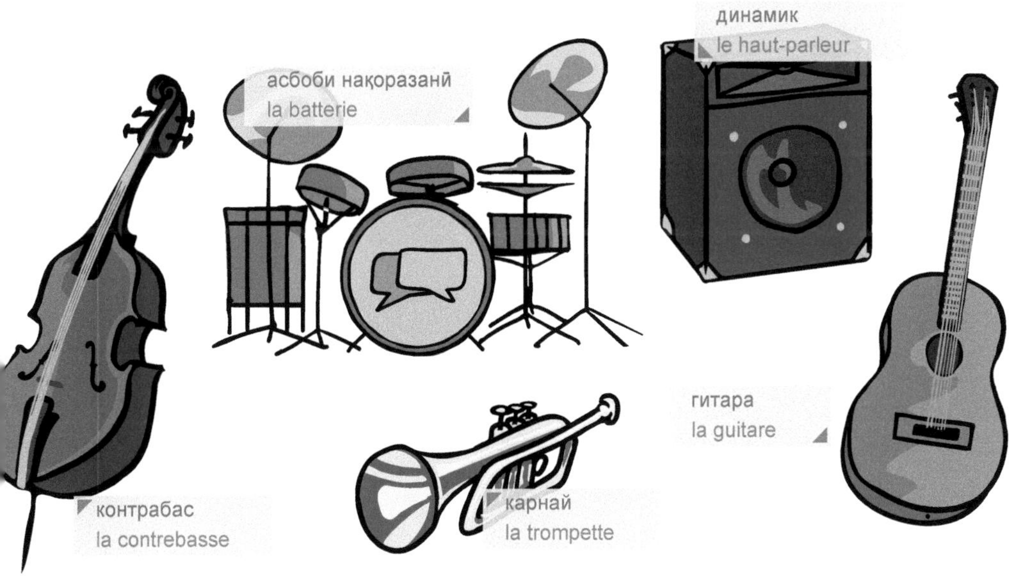

пианино	ғиччак	бас-гитара
le piano	le violon	la basse

нақораи поядор	нақора	клавиатура
les timbales	le tambour	le synthétiseur

саксофон	най	баландгӯяд
le saxophone	la flûte	le microphone

асбобҳои мусиқӣ - les instruments de musique

боғи ҳайвонот
le zoo

паланг / le tigre

қафас / la cage

гӯрхар / le zèbre

хӯроки чорво / la nourriture pour animaux

даромад / l'entrée

панда / le panda

ҳайвонот

les animaux

фил

l'éléphant

кенгуру

le kangourou

каркадан

le rhinocéros

горилла

le gorille

хирси бӯр

l'ours

шутур
le chameau

шутурмурғ
l'autruche

шер
le lion

маймун
le singe

бутимор
le flamand rose

тӯти
le perroquet

хирси сафед
l'ours polaire

пингвин
le pingouin

наҳанг
le requin

товус
le paon

мор
le serpent

тимсоҳ
le crocodile

посбон
le gardien de zoo

сил
le phoque

ягуар
le jaguar

боғи ҳайвонот - le zoo

аспи кӯтоҳқад
le poney

леопард
le léopard

баҳмут
l'hippopotame

заррофа
la girafe

уқоб
l'aigle

хуки ваҳшӣ
le sanglier

моҳӣ
le poisson

сангпушт
la tortue

морж
le morse

рӯбоҳ
le renard

ғизол/оҳу
la gazelle

боғи ҳайвонот - le zoo

варзиш
les sports

фаъолият
les activités

- паридан / sauter
- оғӯш гирифтан / serrer dans les bras
- ханда / rire
- пиёда рафтан / marcher
- шеър хондан / chanter
- орзӯ кардан / rêver
- ибодат кардан / prier
- бӯса кардан / embrasser

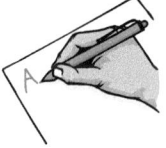

навиштан
écrire

кашидан
dessiner

нишон додан
montrer

тела додан
pousser

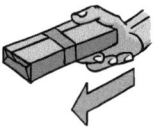

додан
donner

гирифтан
prendre

 доранд avoir	 кор faire	 бошад être
 истодан être debout	 давидан courir	 кашидан tirer
 партофтан jeter	 афтидан tomber	 дароз кашидан s'allonger
 интизор шудан attendre	 бардошта бурдан porter	 нишастан s'asseoir
 либос пӯшидан s'habiller	 хобин dormir	 бедор шудан se réveiller

фаъолият - les activités

нигоҳ кардан
regarder

гиря кардан
pleurer

сила кардан
caresser

шона
peigner

гап задан
parler

фаҳмидан
comprendre

пурсидан
demander

гӯш кардан
écouter

нӯштдан
boire

хӯрдан
manger

ғундоштан
ranger

ишқ
aimer

ошпаз
cuisiner

рондан
conduire

парвоз кардан
voler

фаъолият - les activités

бо бодбон ҳаракат кардан

faire de la voile

ҳисоб кардан

calculer

хондан

lire

омӯхтан

apprendre

кор

travailler

оиладор шудан

se marier

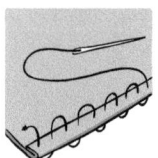

дӯхтан

coudre

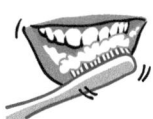

дадон шӯстан

brosser les dents

куштан

tuer

дуд

fumer

фиристодан

envoyer

фаъолият - les activités

оила
la famille

би — grand-mère
бобо — le grand-père
падар — le père
модар — la mère
кӯдак — le bébé
хоҳар — la fille
писар — le fils

меҳмон

l'invité

хола

la tante

амак

l'oncle

бародар

le frère

хоҳар

la sœur

оила - la famille

бадан
le corps

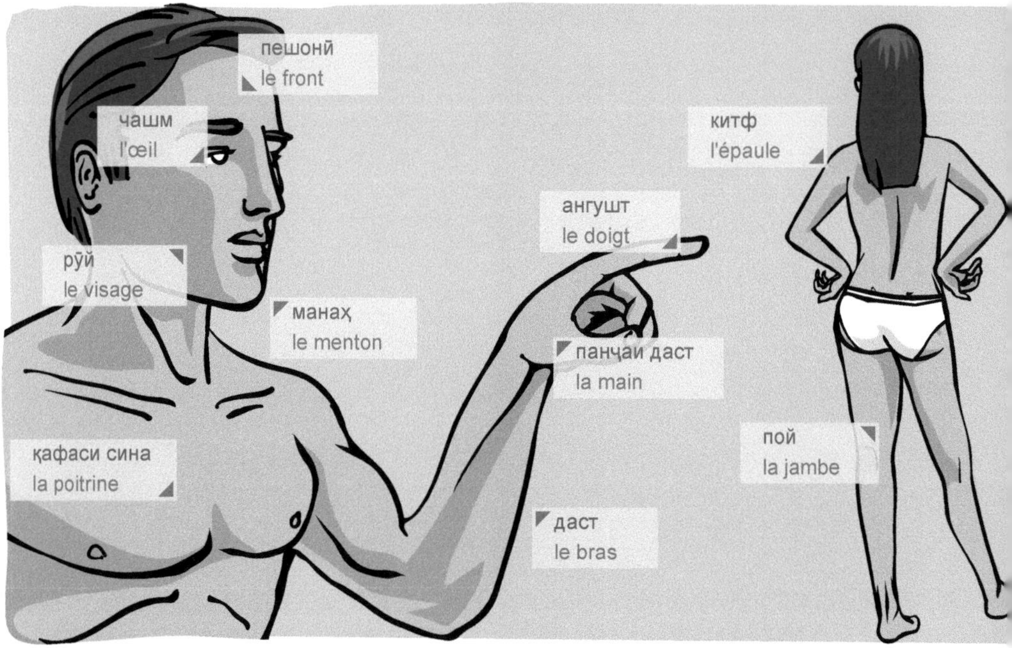

пешонӣ / le front
чашм / l'œil
китф / l'épaule
ангушт / le doigt
рӯй / le visage
манаҳ / le menton
панҷаи даст / la main
қафаси сина / la poitrine
пой / la jambe
даст / le bras

кӯдак
le bébé

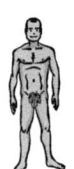

мард
l'homme

зан
la femme

духтар
la fille

писар
le garçon

сар
la tête

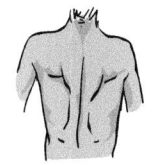
пушт
le dos

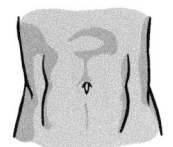
шикам
le ventre

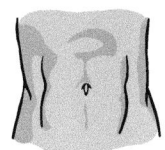
ноф
le nombril

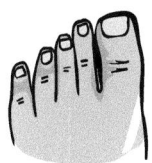
ангушти пой
l'orteil

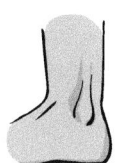
пошнаи пой
le talon

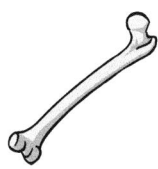
устухон
l'os

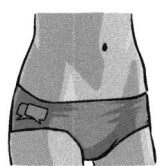
рон
la hanche

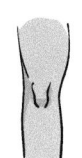
зону
le genou

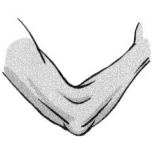
оринҷ
le coude

бинӣ
le nez

таг
le derrière

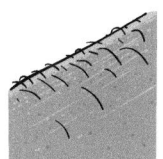
пӯст
la peau

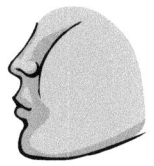
рухсора
la joue

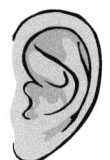
гӯш
l'oreille

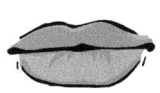
лаб
la lèvre

даҳон
la bouche

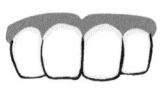
дадон
la dent

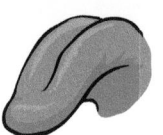
забон
la langue

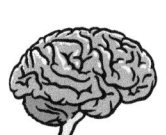
майнаи сар
le cerveau

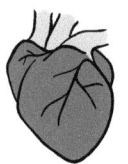
дил
le cœur

мушак
le muscle

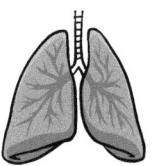
шуш
les poumons

ҷигар
le foie

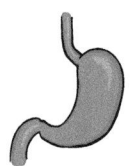
меъда
l'estomac

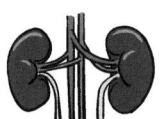
гурдаҳо
les reins

алоқаи ҷинсӣ
le rapport sexuel

рифола
le condom

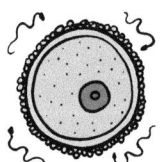
тухмҳуҷайра
l'ovule

нутфа
le sperme

ҳомиладорӣ
la grossesse

бадан - le corps

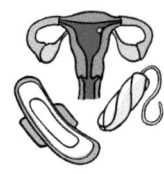
ҳайз
la menstruation

маҳбал
le vagin

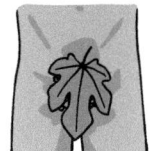
кер
le pénis

абрӯ
le sourcil

мӯй
les cheveux

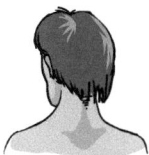
гардан
le cou

бадан - le corps

бемористон
l'hôpital

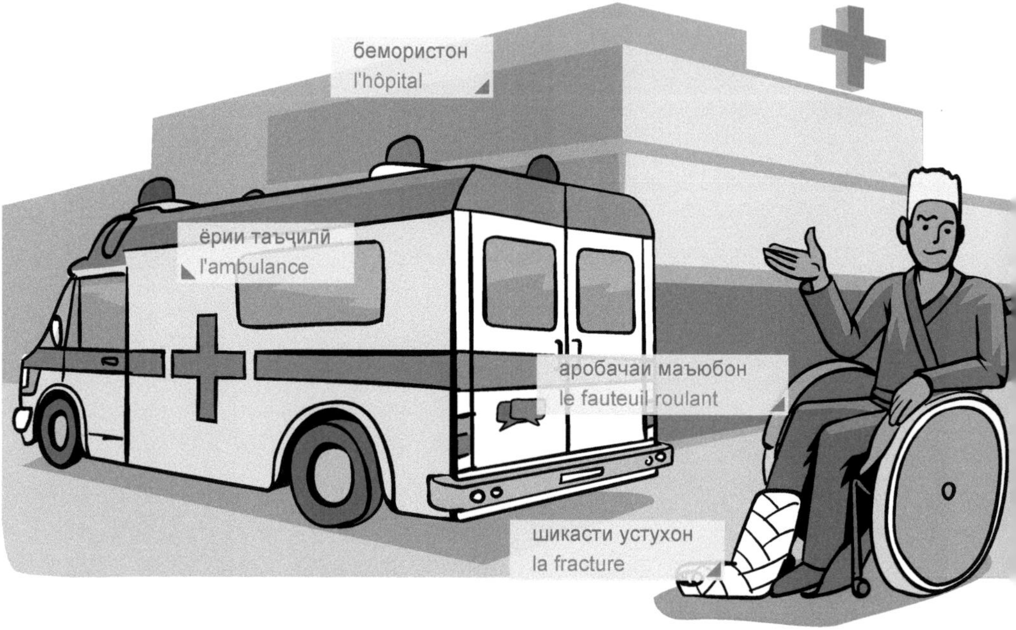

бемористон
l'hôpital

ёрии таъчилӣ
l'ambulance

аробачаи маъюбон
le fauteuil roulant

шикасти устухон
la fracture

духтур
le docteur

ҳуҷраи ёрии фаврӣ
la salle des urgences

ҳамшираи тиббӣ
l'infirmier

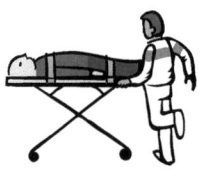

ҳолати фавкулодда
l'urgence

беҳуш
inconscient

дард
la douleur

бемористон - l'hôpital

чароҳат
la blessure

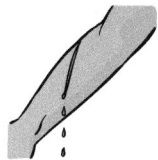
хунравӣ
le saignement

дилзанак
la crise cardiaque

сактаи майна
l'AVC

аллергия
l'allergie

сулфа
la toux

табларза
la fièvre

грипп
la grippe

шикамравӣ
la diarrhée

сардард
le mal de tête

саратон
le cancer

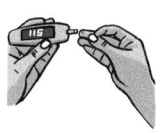
диабет
le diabète

ҷарроҳ
le chirurgien

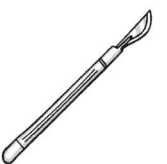
скалпел
le scalpel

ҷарроҳӣ
l'opération

бемористон - l'hôpital

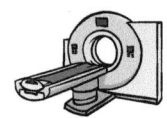

Томографияи компютерӣ

la tomodensitométrie

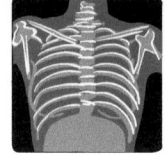

шӯъои ренгенӣ

la radiographie

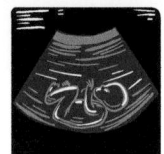

ултрасадо

l'ultrason

ниқоби рӯй

le masque

беморӣ

la maladie

ҳуҷраи интизорӣ

la salle d'attente

асобағал

la béquille

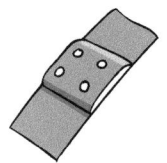

марҳам

le sparadrap

дока

le bandage

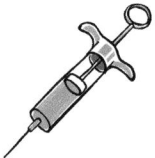

сӯзандору

l'injection

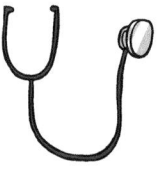

стетоскоп

le stéthoscope

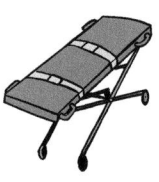

занбар

le brancard

ҳароратсанҷ

le thermomètre médical

таваллуд

l'accouchement

вазни зиёдатӣ

l'excès de poids

бемористон - l'hôpital

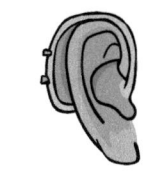

таҷҳизоти шунавой

l'appareil auditif

моддаи безараргардонӣ

le désinfectant

инфексия

l'infection

вирус

le virus

ВИЧ / СПИД

le VIH/ le sida

дору

le médicament

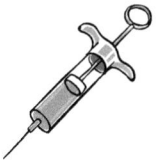
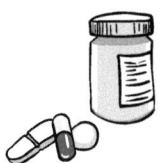

ваксинатсия

la vaccination

ҳабҳо

les comprimés

ҳаб

la pilule

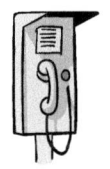

занги изтирорӣ

l'appel d'urgence

монитори фишори хун

le tensiomètre

бемор/солим

malade / en bonne santé

ҳолати фавқулодда
l'urgence

Кумак!
Au secours !

хушдор
l'alarme

ҳучум
l'assaut

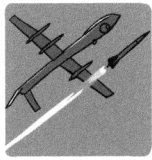
ҳамла
l'attaque

хатар
le danger

баромадгоҳи таҳлиявӣ
la sortie de secours

Сӯхтор!
Au feu!

оташнишон
l'extincteur

садама
l'accident

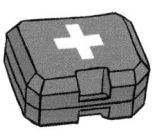
дорукуттӣ
la trousse de premiers soins

бонги хатар
SOS

полис
la police

замин
la Terre

Аврупо

l'Europe

Америкаи Шимолӣ

l'Amérique du Nord

Америкаи Ҷанубӣ

l'Amérique du Sud

Африка

l'Afrique

Осиё

l'Asie

Австралия

l'Australie

Уқёнуси Атлантик

l'océan Atlantique

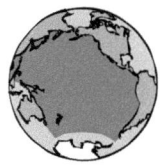

Уқёнуси Ором

l'océan Pacifique

Уқёнуси Ҳинд

l'océan Indien

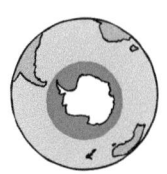

Уқёнуси Антарктика

l'océan Antarctique

Уқёнуси Арктика

l'océan Arctique

Қутби шимол

le Pôle Nord

замин - la Terre

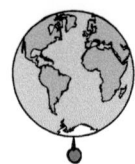

Қутби ҷануб
le Pôle Sud

Антарктика
l'Antarctique

замин
la Terre

замин
la terre

баҳр
la mer

ҷазира
l'île

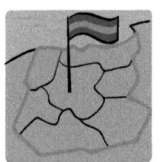

миллат
la nation

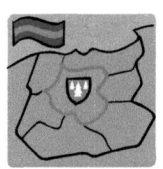

давлат
l'État

вақт
l'heure

сиферблат
le cadran

ақрабаки соат
l'aiguille des heures

ақрабаки дақиқашумор
l'aiguille des minutes

ақрабаки сонияшумор
l'aiguille des secondes

Соат чанд?
Quelle heure est-il ?

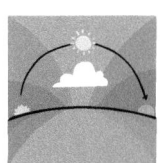
рӯз
le jour

замон
le temps

ҳозир
maintenant

соати электронӣ
la montre à affichage numérique

лаҳза
la minute

соат
l'heure

вақт - l'heure

ҳафта
la semaine

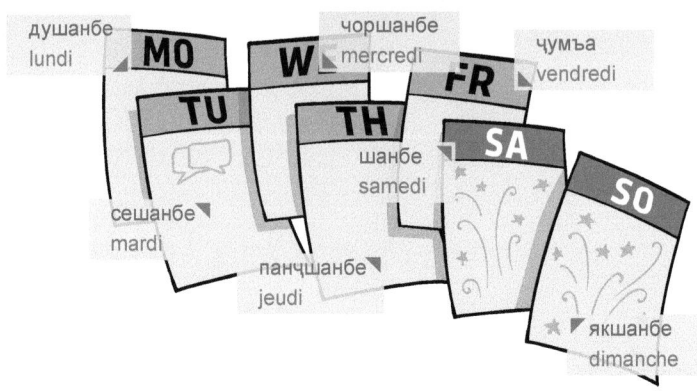

душанбе / lundi
чоршанбе / mercredi
ҷумъа / vendredi
сешанбе / mardi
панҷшанбе / jeudi
шанбе / samedi
якшанбе / dimanche

дирӯз
hier

имрӯз
aujourd'hui

фардо
demain

пагоҳирӯзӣ
le matin

нимрӯз
le midi

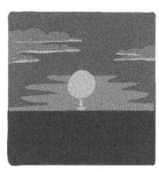

шом
le soir

рӯзҳои корӣ
les jours ouvrables

истироҳат
la fin de semaine

ҳафта - la semaine

сол
l'année

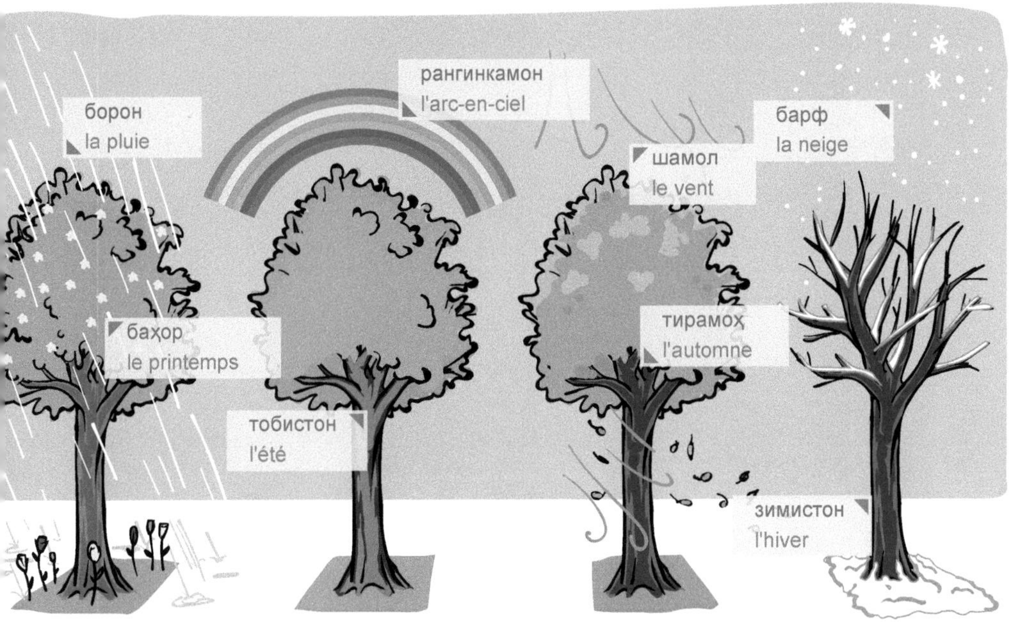

борон
la pluie
рангинкамон
l'arc-en-ciel
барф
la neige
шамол
le vent
баҳор
le printemps
тирамоҳ
l'automne
тобистон
l'été
зимистон
l'hiver

4.APRIL 11°
5.APRIL 4°
6.APRIL 13°
7.APRIL 8°
8.APRIL 10°

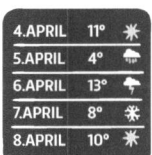

Обу ҳаво

les prévisions météorologiques

F C
120 40
90 30
60 20
30 10
0 0
-30 -10
-20

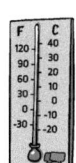

ҳароратсанҷ

le thermomètre

равшании офтоб

les rayons du soleil

абр

le nuage

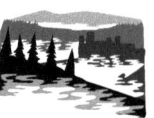

туман

le brouillard

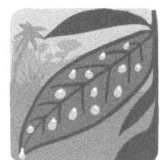

намнок

l'humidité

барқ
la foudre

тундар
le tonnerre

тӯфон
la tempête

жола
la grêle

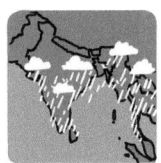

муссон
la mousson

обхезӣ
l'inondation

ях
la glace

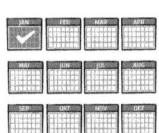

январ
janvier

феврал
février

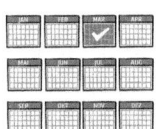

март
mars

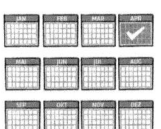

апрел
avril

май
mai

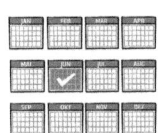

июн
juin

июл
juillet

август
août

сол - l'année

сентябр

septembre

октябр

octobre

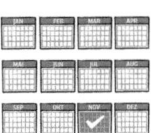

ноябр

novembre

декабр

décembre

баст
les formes

давра

le cercle

мураббаъ

le carré

росткунья

le rectangle

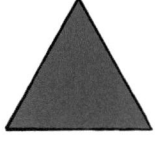

секунья

le triangle

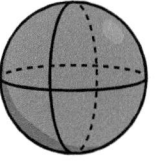

соньаи

la sphère

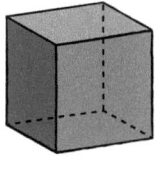

мукааб

le cube

рангҳо
les couleurs

гулобӣ

blanc

хокистаранг

jaune

зард

orange

бунафшранг

rose

сурх

rouge

қаҳваранг

violet

кабуд

bleu

сиёҳ

vert

кабуд

marron

сафед

gris

сабз

noir

мухолифат
les opposés

бисёр/кам — beaucoup / un peu

хашмгин / ором — en colère / calme

зебо/безеб — beau / laid

оғози / охири — le début / la fin

калон/хурд — grand / petit

дурахшон / торик — lumineux / sombre

бародари / хоҳар — le frère / la sœur

тоза/чиркин — propre / sale

пурра / нопурра — complet / incomplet

рӯзи / шаб — le jour / la nuit

мурдагон / зинда — mort / vivant

кушод/танг — large / étroit

хӯрданӣ / хӯрданашаванда
comestible / non comestible

бад/нек
méchant / gentil

ба ҳаяҷон / дилгир
être enthousiaste / s'ennuyer

ғавс/борик
gros / mince

якум/охирин
le premier / le dernier

Дӯсти / душмани
l'ami / l'ennemi

пур/холӣ
plein / vide

сахт/мулоим
dur / mou

вазнин/сабук
lourd / léger

гуруснагӣ / ташнагӣ
faim / soif

бемор/солим
malade / en bonne santé

ғайриқонунӣ / ҳуқуқӣ
illégal / légal

соҳибақл / беақл
intelligent / stupide

рост/чап
gauche / droite

наздик/дур
proche / loin

мухолифат - les opposés

нави / истифода бурда мешавад
neuf / usagé

ҳеҷ / чизе
rien / quelque chose

пир/ҷавон
vieux / jeune

оид / хомӯш
marche / arrêt

кушода/пӯшида
ouvert / fermé

паст/баланд
calme / bruyant

бой/камбағал
riche / pauvre

дуруст/нодуруст
correct / incorrect

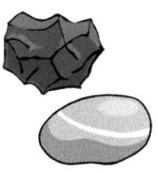

дурушт/ҳамвор
rugueux / lisse

ғамгин/хушбахт
triste / heureux

кӯтоҳ/дароз
court / long

оҳиста/тез
lent / rapide

тар/хушк
mouillé / sec

гарм / сард
chaud / froid

ҷанг / сулҳ
la guerre / la paix

мухолифат - les opposés

ададхо
les nombres

0
нол
zéro

1
як
un

2
ду
deux

3
се
trois

4
чор
quatre

5
панҷ
cinq

6
шаш
six

7
ҳафт
sept

8
ҳашт
huit

9
нӯҳ
neuf

10
даҳ
dix

11
ёздаҳ
onze

12
дувоздаҳ
douze

13
сенздаҳ
treize

14
чордаҳ
quatorze

15
понздаҳ
quinze

16
шонздаҳ
seize

17
ҳабдаҳ
dix-sept

18
ҳаждаҳ
dix-huit

19
нуздаҳ
dix-neuf

20
бист
vingt

100
сад
cent

1.000
ҳазор
mille

1.000.000
миллион
le million

ададҳо - les nombres

забонхо
les langues

англисӣ

l'anglais

англисии амрикой

l'anglais américain

мандарини хитой

le chinois mandarin

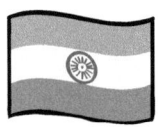

ҳиндӣ

le hindi

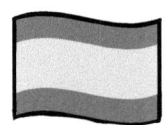

испанӣ

l'espagnol

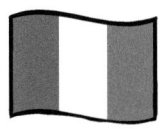

фаронсавӣ

le français

арабӣ

l'arabe

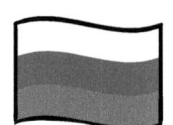

русӣ

le russe

португалӣ

le portugais

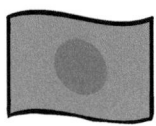

бенгалӣ

le bengali

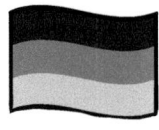

олмонӣ

l'allemand

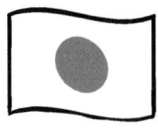

чопонӣ

le japonais

ки / чиро / тавр
qui / quoi / comment

ман
je

шумо
tu

Ў / вай / он
il / elle / ce, c', cela

мо
nous

шумо
vous

онхо
ils / elles

ки?
qui ?

чй?
quoi ?

Чй хел?
comment ?

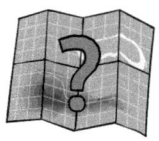

дар кучо?
où ?

кай?
quand ?

ном
le nom

дар кучо
où

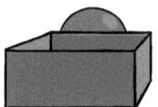

аз паси

derrière

дар

dans

дар пеши

devant

дар болои

au-dessus

дар рӯи

sur

дар зери

en dessous

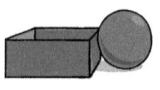

дар назди

à côté de

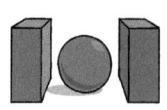

миёни

entre

чой

l'endroit